사랑알기

사랑알기

임종본 시집

Poems by Lim Jong-bon

동학사

■ 시인의 말

따스한 다짐

봄이 일어서듯 신록이 무성해지면 저절로 꽃이 피어나는 줄 알았다. 하지만 마음을 가다듬으며 매만져 온 밀어의 형태를 찾으려 여린 속내를 내보인 어제가 오늘도 부끄럽기 그지없다. 가슴 안에서 끓이던 차 한 잔의 향이 그대에게 전해질 수 있다면, 지친 마음이 사르르 녹아들 수 있다면 참으로 기쁘겠다. 한여름 밤을 온전히 지켜온 개밥바라기별처럼 소박하지만 정갈한 그대를 위한 별빛이고 싶다.

2017년 가을날 가루실 별빛 아래에서
임종본 두 손 모음

차례 임종본 시집

3

4

5

1

인연을 주워 들며

달빛 받아서 부드러운 실을 잣고
그 여린 믿음 마디마디 길게 이어
반듯한 다리 놓아서,
오롯이 내딛는 마음에
덧입은 겹겹의 외로움들 녹아 삭으며
헤어질 수 없는 사람 앞으로 닿는다

속삭임은 스치는 날개
거짓 허울들 사라진 결을 타고
홀로 애처로이 하얀 피를 흘려
삶에서 베인 가슴은
마침내 다시 인연으로 낫는 것.

따스한 다짐

봄이 일어서고
신록이 무성해지면
가슴 안에서 끓이던 커피 한 잔이
향기를 품으며 사람 냄새를 익힌다.

지나간 기억과 살아온 어제를 닮은 향이
가을날의 햇살 한 줌으로
산기슭에서 붉거지면
한 장의 저녁노을로 물들고

파닥이는 숲속의 작은 새 한 마리
하늘 높이만큼 푸른 꿈을 사르느니
한 사람의 극진한 여물음은
내일 이 세상 덥혀줄 한 잔의 커피가 되리라.

꽃의 작은 눈물

스치고 지나간 바람 소리인 줄
알았던 간밤에
사무치게 그리움이 돋았던 까닭은
바로 너,
나의 창밖에
내린 꽃비의 속삭임이었다
돌아눕던 뒤척임 멈추지 못하고
사르르 일어나 창문을 여니
사뿐히 즈려 밟고 떠나간
너의 그림자뿐
길을 넘는 언덕에
새벽녘 달빛만 춤추고 있다
고요한 가슴으로 읽히는
너의 마음 나의 마음
세월의 기슭에 단 한 발자국도
멈출 수 없어라

별꿈이 여울지다

사는 것이 온통 상서로움인데
흔히 아픈 생각 미운 생각을 기억하며 산다
지난 가을 인터넷을 온통 수소문하여
흙 좋고 물 맑은 산천을 찾아
아랫집에 이사 온 새 이웃 복뎅이* 엄마가 있다
아직은 이른데 저승으로 남편을 떠나보내고
심성 바른 삼남매바라기하며
오뉴월 무더위 속 여린 오이처럼
푸른 물이 들 것만 같은 언니가 있다
소낙비 우두둑 떨어지는 날엔
강판에 곱게 간 감자전이 들려오고
돌아가는 채반엔 우리 집에 살고 있던
견과류가 들러리로 간다.
이슬방울 담뿍 머금은 토마토 호박잎이 전해져오면
내 집 텃밭 옥수수 풋고추가 분양되어 간다.
새 울음 푸덕푸덕 열리는 아침 가고
그림자 없는 어둠이 창으로 들면

---

* 복뎅이: 언니와 함께 살고 있는 강아지 이름.

반딧불이 은하수에 발 담근 채 우리는 별빛이불을 편다.

그에게로 애잔히

나에게는 그가 존재하고
그에게는 내가 산다
높이 솟은 나무와
목재가 하나이듯
지워질 수 없는
그와
나
수줍은 미소로
나를 보내고
빈약한 마음 덩그러니
바다로 간다
알 수 없는 공허
가슴속으로 밀리고
청순하게 떠오르는
새 한 마리
돌진하며 비행하는 서녘

첫사랑보다 짙은

인천의 한적한 부둣가
하얗게 부서지는 포말을 바라보며
출렁이는 세월 들춰내어
도란도란 마음을 열었다
변함없이 흘러온 강물처럼
희어진 머리칼을 쓰다듬으며
고향으로 젖어드는 주저 없는 기억들
음악시간에 떨렸던 독창경연과
점심에 나눠먹은 보리밥의 사연
숙직실 가마솥에서 익어가던 빵 냄새
엄동설한 까맣게 그을었던 난로의 아궁이
추억 앞에 익어간 중년의 하루는
안개 속에 피어오르는 아침만큼
그 안에서 살아 숨쉬는 생명
영원히 함께 걸어갈 단상이다

---

* 동창생에 대하여

입술 시린 그리움

시월의 어느 멋진 날에
널 보내고
떠나가는 배
그리움 가득 실었다

갈대 늪에 기울였던
도요새의 소망과
갯벌 가득 뛰어놀던
짱뚱어의 향수가
고요한 물살에 흔들리는 밤

내 마음의 땅
어머니의 품처럼 아늑한 기억
어깨 위에 맴도는 기러기의 노래
꿈으로 펼쳐지는
내일의 소망
금빛 출렁이며 타오르는 강

목숨은 늘 곱다

봄동산에 벚꽃 만개하던 날
가슴속 자리했던 꽃 한 송이
새벽을 불러와 미명에 자리를 털고
창문 열어 아침을 맞는다
설렘으로 반죽된 뜨건 밥 한술
찬물에 말아 삼키곤
어엿하게 차려입은 새 옷으로
단장을 마치고 나서는 발걸음이 곱다
행여나 늦을세라
조바심 이는 심연의 섭리
섬진강만큼 깊은 시름으로
햇살을 우러르며 걸어보던 행사현장
만인의 웃음소리 물결치는 환호에
더덩실 어깨춤 올리시던 미간의 웃음
미수의 세월은 간데없고
정말 화사했던 꽃빛 닮은 당신의 마음

너를 닮은 기다림

우리가 날마다 숨을 쉬면서
공기의 소중함을 잊고 살아가는 것처럼
한 해를 보내며 하루를 재우듯
나는 너를 그렇게 떠나보냈었다.

우뚝 솟아오른 태양이
마음 하나 미끼로 엄습해 오고
갑작스럽게 보내버린 너를
와락 안아보지만
지척에서 다가오던 사랑은
간 곳이 없어 어제 지난 일들이
아득히 멀어져 간다.

아직 열어보지 못한 선물상자만큼
뿌듯한 가슴의 설렘으로
너는 나에게 선명한 나침반
오늘도 벅찬 희망을 품고 숨 고르며 산다.

우기가 걷히던 저녁나절
어김없이 솟아나던 참버섯은 어디에 숨었는지
고희를 넘기고도 다섯 해를 더 다니신 어머니의 산
새소리에 귀를 씻고 휑한 가슴 매만지며
박달나무 꽃잎 속에 중년을 묻는다.

환희의 고요

소곤소곤 새벽 비에 가을이 왔다
목마름으로 지새운 여름을
떠나보내기 위한
위로였으리라
둘이 걸어도 외로운 가을을 위하여
비의 얘기 소리 들으며
힘든 일이 많았지만
근심 걱정 모두 다 잊고
꿈같은 사랑 자유롭게 이루며 걸으리라
단비 내리는 창가에 웃음 짓는
새벽처럼 그렇게
온몸 받혀 영혼을 물들일
가을 옷처럼 그렇게
익어가는 사랑이었으면 좋으리

청춘 카프리치오*

우리의 마음 한 자락
갈숲에 눕고
뒹구는 낙엽이 흐르는 대로
시월이 떠나간 주홍빛 하늘
귓불 물들이며
둘이 걷던 길을
구절초 피어나면 다시 걷자던 약속
이듬해가 지나고 또 세월이 덧없이 흘렀어라

향수는 지내온 추억을 들추고
어제보다 더 시린 풀숲은
고향에서 날아온 들꽃을 피우듯
산허리로 내리는 운무의 곡예
미련 없이 떠나간
우리의 청춘은
생의 중심을 지키려고
이 밤 한 송이의 짙은 구절초로 핀다.

---

* 카프리치오: 자유로운 기악곡.

은총이 무지개로 내려

산벚이 한 둘 기지개를 켜는 절정
소복이 쌓이는 사랑을 엮어
설렘으로 열리는 너희가 우리를 밝히는구나.

천사 같은 모습으로 옹알이 하던 너희가
우리에게 부모의 이름을 달아 주었던 너희가
우리 가슴에 수만 송이의 꽃을 달아 주었던 너희가
이제 그 꽃보다 더 귀한
사랑하는 아내가 되고 넉넉한 남편이 되는구나.

지혜롭고 현명한 너희는
올곧은 길을 곱게 걸어가리라
아무리 이 넓은 세상을 둘러보아도
너희보다 더 아름다운 짝이 보이지 않는구나.

돌아보지 말고 하나가 되어라
아내는 나의 또 다른 이름이요
남편은 나의 또 다른 모습이니
아름다운 세상을 마음껏 꾸며 보렴.

그동안 너희 둘을 낳아 길러온 것은
또 다른 아들과 딸을 맞이하기 위함이니
이제 너희가 모두의 사랑이요 믿음이요
행복이 되리라 둘이 하나가 되어

---

* 아들 결혼 축시

달이 슬픔에게

아스라이 서산으로 가을이 눕고
뼈를 저미는 칼바람 깊어
내 집에 들어서는 어둠 곳곳 숨어서
정적을 삼키면
오늘도 가슴 싸한 자리를 편다
해가 바뀌고 날이 바뀌는
순간순간마다
너에게로 가는 길목이 넓어지고
파고드는 그리움은 커져만 가는데
돌아서는 아픔 마디마디엔
추녀 끝 저미는 외풍을 닮아간다
인적 없는 달그림자
영혼처럼 집안에 들어서고
고요히 밝은 달이 휘영청 안부를 전해줄 때
어디선가 들려오는 산짐승 소리
오늘도 찬연히 밤만 깊다

2

느림의 철학

한여름날 불현듯 가져온 휴식
일정한 쉼을 가르고
동동거림에 익숙한 나에게
머무름을 익힌다.

속절없이 지내온 시절
틈을 내는 대낮
키 높이만큼 쌓인
서재의 책들이 일제히 일어서고

오고가는 식구들 발걸음에
8월 햇살 휭허케
내게 스러진 한여름날의 휴식은
방향을 놓는다.

소금꽃 말씀

오뉴월 깊은 숲에 산비둘기 숨어 울 적에
도란도란 콩 꽃은 이슬에 차고
단풍 젖은 서산마루 해 노을 질 때
세찬 서릿바람 설움에 젖어
옹골찬 기운 꼬투리로 모으고
우수수 떨구는 잎사귀마다
절기에 쌓인 사연이 녹았다
가마솥 가득히 김이 오르면
절구 깊숙한 면면을 딛고
풍성한 인연을 짚으로 엮어
아랫집 처마에 주렁주렁 매달던
애비의 손 마디마디마다
내게 새기시던 당신의 언어가
메주 위에 얹힌 소금 꽃처럼
짜디짠 눈물로 가슴 깊이 파고듭니다.

그 환한 깨달음

궂은비 개이고
밝은 햇살 웃고 일어나
우린 또 행복하여라
안개로 지워졌던 덕숭산
발갛게 일어선 채 배시시 웃고
하늘 담긴 호수에 첨벙 뛰어들어
보이지 않은 것이 보이는 것은
내가 행복하지 않으면
다른 이도 행복하게 할 수 없다는 말을 전함이다.

보배로 피어나다

연둣빛 초록으로 눈부신 유월의 아침
사랑으로 익어가는 오늘
참을 수 없는 행복을 열어준 아가야
이 세상 그 어느 별에서 온 선물이었을까
일 년을 하루같이
설렘으로 쌓아준 우리의 축복
온 우주를 밝혀주는 희망의 샛별이 되어준 아가야
이 땅에 가장 보배로운 꿈 마음껏 펼쳐가거라
가슴속 가득 품은 사랑
누구에게나 아낌없이 퍼주는 헤픈 별이어도 좋다
열두 달 동안 날마다 선물해준 보배로운 향기
까르르 웃으며 남겨준 너의 고운 발자국
앞서서 표현할 말을 잊고
내 인생의 아름다운 재생으로 내일을 사는 것이다

푸르름을 배우며

세월이 굽이쳐 흐르고
개천 물에 단풍이 비치면
개울을 물들이던 마지막
한 잎까지 사라진 뒤에야
알 수 없는 말이라도 백번을 읽으면
저절로 의미를 알게 되는 것처럼
흐르는 삶의 향수를 삼킨다.
은행나무 위에 걸쳐 앉은 가을이
옹기종기 누울 자리를 펴고
혼신을 다하여 살아가는 데 열심인
오리무리가 벌써 우렁우렁
호수를 출렁인다.
바다를 본 사람에겐
물의 안목을 말하지 말라던 그
솟아오를 마중물 같은 인생을 안다

새로 쓰는 서시

햇살 뽀얗게 내리는 창가엔
배롱나무 사이로 종다리 날고
목련꽃빛 그 화사함보다
더 흰 여인은
속살 내민 채 미소 짓고 있었다.

분당에서 아침을 맞으며
매주 토요일마다
일흔셋 맞으신 바깥양반과
이곳 덕산에 내려와 목욕한다는 할머니
품고 계신 웃음마다 행복이 열린다.

거짓을 모르는 자연과 같이
온유한 눈빛에서 향기가 배어나
물위에 어리고
강물에 앉은 달빛처럼 평온한 생각은
고요를 이룬다.

먼지로 덮여버린
내 마음을 가누며
별들이 살고 싶을 만큼 평화로운
고희 노인의 마음 숲에서
빛나는 별을 보는 이 아침이 곱다.

다정한 끼니

장마가 막 지나고 지금 이 순간
과실과 채소들이 자라느라
제각기 아우성이다
고추밭 골에서는 금빛 이슬 첨벙대며
초록피망이 대롱대롱 열리고
온통 보랏빛 꿈만을 고집하는
가지밭골 넘어
노랑 빛깔의 방울이가 초롱초롱 웃는다
성질 급한 옥수수 대궁을 가른 채
알알이 세상을 훔치며
벌써 하늘 깊이 나는 빨간 고추잠자리
채전을 몽땅 제 앞으로 끌어들인다
구순 노모의 손맛 입은
삼계탕이 장작불에 잠식되어 가는 대낮
먼산의 뻐꾸기울음 골을 넘는
초복의 그림자.

은하수 흐르는 뜻

추억이 익어가며 모락모락 피워 오르는
옥수수의 향기는
예전과 다름이 없습니다.
밭이랑 듬성듬성 아버지가 뿌려 놓은 옥수수
장대로 일어서면
7월의 밤하늘에 은하수 쏟아지고
여름방학이 시작되어
낡은 밀대방석 위로 대소쿠리 물씬
삶은 옥수수가 담기고
외딴 시골 마당엔 이웃들이 모였습니다.
부지런한 아버지 쑥 대궁 긁어모아
모닥불 여미시고
우리들의 고향은 그렇게
밤을 새워 은하수를 따라서 익어갔습니다

생에의 예찬

칠월 장마가 소리를 내어
와락 와락 달려들던 더위를 내리고
푸른 기운을 들여다 마당에 세운다.
한낮에 시달렸던 풀잎에 생기가 돌아
내달린 우기를 따라가
밭둑마다 엎드려 추억을 심었다.

떡잎이 배시시 희망으로 일어서고
아침마다 뱉어내는 구슬을 만나느니
이 어찌 애달픔일까만
외로움은 한나절 기울어서 석양으로 가고
부모 떠난 너희들이 조랑조랑 콩 꽃으로 피는구나.

어미는 바쁘다는 핑계에 서울 간 지 오래지만
조석으로 이는 바람
소식 있게 전해주니 고맙고
한 달 내내 구두굽이 다 닳도록
세상 향해 달려가는 너희들의 희망처럼
밤마다 땀 흘리는 절기가 익어간다.

가끔은 기쁘고 가끔은 슬퍼져도
험난한 세상 탓하지 말고
콩 꽃이 피는 대로 구순하게 익혀
사람냄새 갖추며 살아 보아라
세월이 흐르고 퇴색하여도 잊혀져 간 추억을
베개 삼아 고단한 현실 어루만지며
언제나 푸른 꿈 잉태하여라.

그림자는 설움을 잊고

석양으로 가는 긴 그림자
파도소리에 설레는 마음
하염없이 질펀한 서해갯벌
추억을 건지는 7월의 중심에서
까르르 웃으며 발자국을 남기고
사뭇 그리운 마음
머나먼 인생길 빛바랜 여정
풍경을 가운데 걸어놓고
고단했던 아픔 토닥이는 노을
아름다운 사람들 지나간 자리마다
감미로운 기억
결 고운 희망을 품는다.

베틀가

숲속의 바람같이
지나간 여름밤을
걸어온 사람들
풀벌레 우르르 쏟아진 이 밤
너럭바위에 앉아 그리움을 엮는다
북두칠성 헤이며 눕던 그 시절
쑥 향이 밤새워 마을을 점령하고
갓 쪄낸 옥수수 소쿠리 가득
온기를 품어 올리며
자늑자늑 기우는 별 따라
이야기 깊던 그 밤
여치의 베틀가 귀뚜리의 노래로
풍경이 되었던 유년의 별 헤임
키 크고 꿈이 자라던
돌아오지 않을 그 깊음이여

애틋한 기쁨

춘삼월 잔설이 녹던 오후
함께 걸었던 그 길을
멈추어선 시간들
7월 한복판 위로 백련이
숨어서 핀다
꽃 피우던 봄날
희망으로 미소 짓던
구순의 여로에서
덧없는 세월을
나무라시던 하얀 웃음
당신은 그리움의 언덕에서
소풍 끝내고
사시사철 태어나는
온 세상의 바람이 되어
양지녘 푸른 꿈
오늘도 가득 채우소서.

신앙만큼 뜻깊은

7월의 우기 잦던 어느 날
동공의 빛바랜 노모 모습이
와락 가슴으로 파고들었다
새색시 곱던 입술만큼 때로는 수줍고
흐르는 세월만큼 부지런했던 전신과
고행의 미로를 헤맨 듯 미간으로 짙어진 주름
오그라진 나의 심장이 맥박을 잡는다.
진즉에 한 번 더 자주 와 뵈었어야 했다
실속 없이 뉘어버린 나의 반백년이 무엇이라고
그리도 주저하며 지나치고 말았을까
멀어져간 저녁연기의 실체처럼
희미해진 어미의 환영이
걸음걸음 따라와 매달린다.

하루를 어루만지다

8월의 기억을 오롯이 지울 듯 거세던 빗줄기
밤새워 울어주는 풀벌레소리에 잠들고
대자연이 숭고하게 뒤척이는 아침은
오늘도 영롱하다
자기 일을 묵묵히 수행하는 들녘
자연의 섭리보다 더 고운 인성은 아녀도
곧은 절개로 익어가는 곡식의 뼈와 같이
이 부족한 마음 번뇌를 벗고
잘한 일이라곤 아무것도 없는 내가
인지를 다할 수 있는 해탈을 꿈꾸고 싶다

3

서정이 너울거려서

풍경이 한가로운 오후
정자나무 아래 비가 내리고
다가오는 추석이
희부연 하늘에서 날고 있다.

구름이 내려와 창문을 열고
곰삭은 서산 동동주 마주앉은 회포
건져 올린 바다 숨소리 해물전에
감미로운 입술이 감겨
분꽃 피는 저녁 가을비에 젖어
팔순에 돌아보는 시인의 고향
아라메길 자박자박
오늘도 간다

떠도는 외로움에 눈이 멀었고
걷잡을 수 없는 방랑벽에
귀를 베었다는 시인
순간에도 주저 없이 파도소리가 들려

---

* 이생진 시인님을 뵙고

정갈한 눈부심

폭설이 온 세상을 덮은 신새벽
승천의 나래를 펴고
티 없이 맑은 영혼
학처럼 날아갔다

단아한 미소로 품어 올린
한 많은 이야기 모두 내려놓고
서녘의 큰 별로 세상을 비추오니
굽이지던 세월 올곧은 팔십년

'선생님의 문학을 만남이
이 세상에 태어난 기쁨'이라던 소녀와
'우리 문학의 기둥이 사라졌다'고
오열하는 후배의 목소리를 듣고 계신가요?

'가난한 문인들 많으니 부의금 받지 말라'는
당신의 말씀을 우리들 가슴에 새기고
차마 못 가본 길이 더 아름답다고
서둘러 떠나신 임이여

한 땀 한 땀 눈물로 수놓은 문학의 향기
이 나라 한국문단 그 품에 안긴 채
영원토록 꺼지지 않을 빛이여
온 세상 길이길이 빛나소서.
그 맑은 향기 가득 담고 환하게 빛나소서.

---

* 박완서 선생님 떠나시던 날

존재에게 드리는 감탄

귀로에 저는 문득 당신을 그려봅니다.
단 한 번도 마주하지 못한 당신의 모습을
환한 웃음으로 빛나는 치아와
선연하게 다가와 머무는 두 눈은
이미 세상의 창이 되었습니다.
서글서글한 눈을 닮은 눈썹 위로
시원스레 넘겨진 성긴 머리칼!
이미 반려될 수 없는 우리의 고향입니다

내 마음을 내 뜻대로 할 수만 있다면
애인이고 싶고, 친구이고 싶고,
아버지이고 싶은
넘치는 욕심으로 가득 찬
당신은 5월의 얼굴입니다

'고통의 바람을 견디며 흔들려야
내 안의 꽃도 피어난다'시던
당신의 노래로 아픔을 지우고
가슴으로 피워낼 그 꽃을 위하여

세상의 모든 꽃들은 숨을 통하며
동서가 함께 태평양을 건너는
상공에서 지상을 내려다볼 때
당신은 5월의 얼굴입니다.

---

* 맹상학 신부님의 영명축일을 맞으며

** 꽃이 보이지 않는다: 맹상학 신부님의 글 중에서 인용.

찢긴 오늘을 꿰매어

5월이 살그머니 조용하게
그렇게 열렸습니다.
수국이 피어나는 물결
연녹색 바람과 천 개의 별이 되어버린
청순한 꿈들이
오롯하게 흩날리는 진도 관매도
날갯짓하는 갈매기울음이
오늘도 아프기만 합니다.
애끓는 수색은 파도를 넘어
전국 사면에 닿고
밤낮 뜨고 지는 별들은 무심히
고향을 향합니다.
할머니의 쪼그라진 심장과
그리운 어미의 타는 목소리
파편으로 터지는 아비의 비통을 등에 업고
신록의 부푼 꿈 푸르디푸른 초록별
희망의 별로 가득히 하늘을 메웁니다.

---

* 세월호의 참사

심장이 기억할 낱말

하늘과 땅, 넘나드는
천계단의 마음 길을
하룻밤 새
쌓았다 부수기를
한평생
백겁의 주름 마다않고
속속들이 말라가는
당신의 세포 속엔
앙금 지는 열 자식의
천금 같은 사랑
홀로 잠든 꿈속에서
미소 짓는
그 이름
영원한 나의 영웅

날개가 하늘이 되어

을미년 새해 삼월 스무사흘
봄 향기 짙던 따사로운 날
내포의 큰 별
하늘에서 졌습니다
충의를 다지고 문화를 꽃피워
곳곳마다 심어두신 소망을 놓고
내포의 큰 뜰 푸르게
굽이치던 세월
마음 깊은 곳에 묻어 두고
황망히 날개 접어
님은 갔습니다
찬연히 밝아 오른 햇살
가슴으로 안기고
돌아서는 걸음마다
애도의 숨결 문화가 내리 오니
하늘 높이 솟아오를 당신의
참마음에 못 다한 사랑
꽃피고 열매 맺혀 다시 피워나리
별빛으로 비추시던 충청의 뜰을

저 넓은 인고의 강 건너
평생 지켜 오신 푸르디푸른 꿈
고이 접고 부디 평안하소서

---

* 윤규상 선생님 영면

거룩한 서슬

2015년 올해는 광복 70주년
우리 삶의 고희를 맞는다
수마가 할퀴고 간 수해는 삼년이면 복구가 되고
화마로 잃어버린 역사는 가슴의 아픔으로 남지만
역사를 빼앗긴 슬픔은 민족의 상처로 남아
영원히 함께 숨을 쉰다
청산을 평생 품고 살던 윤동주 시인은
뼛속으로 애국을 다지며 청춘을 태웠고
불속으로 뛰어든 영혼을 끝내 건져내지 못한
매헌 윤봉길의 삶을 우리는 잊을 수가 없다
18년 동안 독립군의 비자금을 만들며
가사를 잃어버린 김한종 의사의 열망
마침내 생을 마감한 옥살이는
그 얼마나 지난한 세월이었는가.
애국의 부름으로 하루아침
3대의 학살에 이슬이
되어 스러진 이남규 고택의 불운은
70년이 지난 오늘도 잠들지 못하고 살아 있다
유구한 대한의 역사 위에 길이 빛나고 보존될

영원한 민족의 대한 조국이여
대망의 역사 앞에 출렁이는 이 기쁨 영원하라.

비움이 곧 채움이다

한여름 밤 꿈처럼 지내온
7일 동안의 300리 길이
내 삶으로 자분자분 스며들었다
4대강을 토대로 일궈낸 자전거길
종주 중인 남편을 따라 순환의 귀로
북한강을 시발점으로 출정한 새벽
우리가 걸어온 삶의 여백으로
맞닿는 평행선을 그으며
통일전망대에서 내려온 동해의 물결은
앞으로 걸어갈 굽이굽이 남은
인생길을 심어주었고
심심계곡 곳곳의 영지를 받아 세워진
사찰의 역사를 훔치며
바로 발아래 숨어 있는
미래의 의미를 모르는 것처럼
기약 없는 내일의 미로를
총총히 채워나간 7일 간의 충전은
장단을 벗어 내린 하늘의 뜻이었다.

하늘빛 푸른 오늘, 무궁화 꽃이 피었습니다.

7월의 바다 도중도의 울창한 숲속 산비둘기 마음껏 날아올라

푸른 하늘 그 높이에 당신은 어디쯤 계실는지 수목은 녹음을 자랑하고 있습니다.

시는 인류가 남긴 최고의 문화예술이라면

당신은 예산이 낳은, 충청이 낳은, 민족이 낳은, 최고의 영웅이십니다.

해마다 찾아오는 4월이면 어김없이 붉은 영혼처럼 흐드러지게 피는

충의사의 철쭉은 올해도 모든 이의 발길을 잡았습니다.

사람은 왜 사느냐.

이상을 이루기 위하여 산다.

보라! 풀은 꽃을 피우고 나무는 열매를 맺는다.

나도 이상의 꽃을 피우고 열매 맺기를 다짐하였다.

"우리 청년 시대에는 부모의 사랑보다, 형제의 사랑보다, 처자의 사랑보다도

더 강의剛毅한 사랑이 있습니다. 그것은 조국에 대한 사랑입니다"라며

어머님께 올리신 당신의 편지는 영원히 우리들 가슴에 타오르는 혼 불입니다.

여기 충청남도 예산군 덕산면 시량리 178번지 광현당은

이제 당신이 그토록 애원하고 갈구하시던 쾌락한 봄동산이 되었고

자유의 노래 터가 되었습니다.

오로지 사람다운 인류세계의 초토剿討를 꿈꾸며

자유의 불꽃이 되고자 생명의 근원을 염원하신 당신!!

100년 세월 속에 이념을 담은 시가, 노래로 불려지고

다짐과 고해를 읊어낸 당신의 심중은 우리들 삶 속에 녹아든

이상과 실현의 뼈가 되었습니다.

"인생은 자유의 세상을 찾는다. 사람에게는 천부의 자유가 있다.

인간의 자유는 천부의 권리이다"라며 외치신 농촌계몽운동을 영원히 잊지 못하며

무능을 몰아내고, 빈곤을 몰아내는 일, 민족이 단결하는 화합을 위하여

자유와 평화를 실천하고자 용솟음치는 월진회의 부흥을 뿌리 깊게 하소서!!

생명창고 지킴의 운동에 부합하게 하소서!!

창공은 푸르고 그 희망 높고 높게 이루게 하소서!!

하늘빛 푸른 오늘, 무궁화꽃이 피었습니다.

---

* 매헌 윤봉길 탄신 108주년에 붙여

온통 찬연히

을미년 새해 삼월 스무사흘
땅기운에 봄빛 일어 온화한 맥이 흐르던
지난 봄날 님은 이 나라의 봄을 놓고 가셨습니다.

충의를 다지고 문화를 꽃피워
세계의 자산으로 키워내자 하시던 말씀
곳곳마다 심어두신 소망을 놓고
내포의 큰 뜰 푸르게 굽이치던 세월
마음 깊은 곳에 묻어 두고 황망히 날개 접어
떠나신 그 날~!!

찬연한 햇살만이 가슴으로 안긴 채
돌아서는 걸음마다 애상哀傷의 숨결 토해내고
하늘 높이 솟아오를 당신의 참마음에 못 다한 사랑!
구순에 밝혀주신 목바리 야학~!!
꽃피고 열매 맺혀 다시 피어내리니
저 넓은 인고의 강 건너
평생 지켜 오신 푸르디푸른 꿈
고이 접어 부디 평안하소서

제 몸속의 뜨거움 모두 가지 끝으로 밀어내
꽃등이 밝혀지는 철쭉의 핏빛이 온 뜰을 물들일 때
벌들이 날아와 붕붕거리는 충의사에서
일어서는 당신의 혼 불로
세상 사람들의 머릿속을 깨우쳐 주십시오
마음의 평화를 섬기며
도중도가 영원히 출렁이도록
하늘 밭에 꿈을 심고 별빛으로 살피시는
내포의 큰 뜰 영원토록 비추소서!

---

* 윤규상 선생 추모1주기에 붙여

그 뜻에 닿으며

만추의 저녁 황금빛 노을에 앉은
예산군 신암면 용궁리 고택에선
세월이 흘러도 조선의 기세가 왕성하다
옛 모습 그 뜰 국화 옆에서는 선생의 희망이 출렁이고
지나간 시간이 그리워 타는 목마름으로
오늘도 백송의 그림자 발자국 소리에 귀를 기울인다.
무수한 밤 별만큼이나 사계절 꽃피고 비가 내려도
바람 불어 좋은 날 푸르른 날엔
햇빛으로 달빛으로 흘러내리는 우주를 벗 삼아
하나 둘 잠식되어지는 역사를 재우며
침묵으로 일어서 타오르는 선생의 염원이여
길이 후손에게 넘겨질 진실 하나만 오늘도 기억하리라.

---

* 추사 김정희 고택에서

아름다운 한숨

어느 날 문득 산벚 피는 숲길 따라
밤낮으로 울어대는 소쩍새
그렇게 깊이 사무쳤어라

그리워라 향내 나는 저한당**의 뜰
길게 누운 산 그림자 쇠죽 끓던 고향
나 홀로 고개 넘던 어머니의 백발과
애 마르던 종, 담***의 살 냄새

벗들이 모여들던 도중도
아득한 고향 부흥원****에
고기 잡던 시냇가의 추억

사시사철 굴뚝으로 뿜어내던
저녁연기 그립구나.

---

* 제42회 윤봉길문화축제에 붙여
** 저한당: 매헌 윤봉길의사가 4살 때 이사하여 성장한 곳.
*** 종, 담: 윤봉길의 두 아들 이름 윤종, 윤담.
**** 부흥원: 윤봉길이 태어난 광현당이 있는 곳이며 도중도(島中島)는 한반도 가운데 섬이란 뜻으로 그가 농민계몽활동을 하던 곳.

운율의 여향

을미년 만추 춥지도 덥지도 않은
양분이 촉촉한 주말
한양고을 남산에서 시인들이 모였다
경주, 구미, 대구, 경기, 충청, 강원
팔도에서 귀경한 남산공원 산림문학관 대강당
국화향기 그윽한 화분이 자리했고
무대에는 철따라 갈아입는 시인들의
마음 꽃으로 황홀했다
짚신짝에 엎드린 초상집이 등장하고
여울지는 승천으로 소리꾼도 입문한다
하늘이 내려준 사랑 백석의 한이 돌아와
자야를 만나고 회포 품어 뜨거운 눈물
가슴 적시는 주말 저녁
파고드는 시향에
길 떠난 고수들 귀향을 서두르고
선망의 꿈으로 콩닥거리던 가슴
그윽한 시향에 취한 이 밤 선비의 향기에 젖는다

---

* 시낭송 예술인대회

4

황홀히 선량한 피조물

우리의 발걸음에
자라나던 배추밭 끝에 서서
유유히 흘러가던
구름을 삼키며
온온하고 기루었던 유월이
벽화처럼 퇴색되던 날
올올이 벗어던진
젊은 날의 초상은

유수한 세월이 흐르고 난 뒤
집배원이 건네주던 편지의 이야기와
갑작스런 소나기로
새들이 몰려들었다는 얘기로
저녁노을 붉던 날
타오르던 사랑을 전하며
홀홀 다 벗어버린 겨울나무는
이 세상에서 가장 깨끗한 거울이 되었다.

스러지지 않는 꽃나이

지나간 시간에 매달리는 잡다한 사념들
미련 없이 훌훌 떨쳐버리고
홀가분해진 영혼
새 삶을 담금질하는 새날
상서로움과 새로운 기운의 탄력으로
역동하는 새해 아침을 맞는다.
공자가 60세가 되어서 천지만물天地萬物의
이치에 통달하여 듣는 대로 모두
이해할 수 있게 되었다는 이순을 보내고
새롭게 맞이하는 새해 아침이 새롭다
마음 안에 담겨 있던 모든 찌꺼기를
훠이훠이 날려 보내고
육십갑자의 '갑甲'으로 되돌아온다는
환갑에 이르게 되었으니
이 어찌 기쁘지 아니하겠는가.
첫돌을 지내고 푸른 하늘을 날아오를 듯
날마다 향기 품는 내 손자 준우처럼
함께 날아오르는 마음 기쁨으로 살자

회복의 방정식

겨울이 왔다
세월이 갈수록 더뎌지는 기온 차
때로는 가을이다가 더러는 후덥지근하다가
오리무중의 겨울을 품는 중에 와락
성긴 눈발이 내리고 기온이 내려가
마침내 빙판이 마을을 점령했다
한순간에 공공의 적이 되어버린 빙판

돌연 엎어버린 자동차 안에서 생각했다
살아 있는 것과, 살아 있지 못한 것을
그렇게 사투와는 거리가 있었지만
오랜 통증으로 나를 시험했던 겨울
그 겨울에 내가 서 있다
외롭게 지나가는
한순간

샴페인 인생

가을이 지나간 뜰에
이른 아침부터 그리움이 앉았다
손바닥만한 함박눈
꿈같은 기억을 포개며
물이 흐르듯 삶의 언덕을 내려가는 오늘도
나는 평온했다고 적을 것이다
이젠 세월이 많이 흘러
마음을 짓누르던 아픔과
안간힘으로 살아온 젊은 날의 흔적도
어엿한 생명력 앞에 기울인
등대가 되고
오래도록 간직해온 사랑만큼
언제나 곁에 두고 양식할 숲이 되었다

그대가 나의 우주

평생 산비탈 밭을 오르내리며
저 밑으로 내려다뵈는 신작로 한번
내려갈 틈도 없었다는 어머니

뜨거운 김이 모락모락 피어오르는
삶은 고구마처럼 고적하기만 하다
햇볕 아래 캐어 말린 우슬이와
추녀 끝에 고들고들 말라가는 호박곶이가
찾아올 객지의 자식들을 기다리는 날

면소재지에서 꽃가마 타고
시집온 92살 노모는 곱디고운 마음에
성도 모르고 이름도 모르고
양반이란 말만 듣고 의지한 인고의 세월
고택의 추녀에서 고드름이 운다.

가마솥에 붉은 팥죽 보글보글 끓어오르고
번성한 자식들 무고를 빌어 보는 어머니
아궁이 앞에서 하루의 아침이
아궁이 앞에서 하루의 저녁이 저물어간다

침착한 열정

새해 새아침
태양이 붉게 타오르고
비릿한 찬바람 이끼로 앉아
생생한 섬 이야기 초록 집 짓는 하루
가만가만 들숨날숨 성글게 토해내며
섬돌 위로 내려앉는 이야기에 귀기울여
지나온 삶 그 어느 곳에서도
마음도랑 넉넉하게 살찌우는 희망
차츰차츰 걸어가는 뒤안길에서
하찮은 바람 한 줌
호되게 불어와도
무한한 푸른 꿈 재울 수 없어
기루어 젊어진 희망의 그림자
오늘도 외롭지 않은 사랑
초롱초롱 깊어 간다.

다만 너를 생각해

깊어져 간 그 겨울
한낮 찬바람에
도시의 골목길 코트 깃 사이로
스쳐 지난 작은 바람처럼
사랑하는 사람 한순간
떠나보낸 적 있는가.

시간은 구름 따라 어찌어찌
흐른다 해도
이 가난한 마음에
자라나던 숫한 목마름
어느 순간 내게 돌아와
다시 행복한 웃음 지을까

마음의 우체국

먼 산이 앉아 쉬고 있는 겨울
호숫가 얼음이 쩡쩡 소리 내어 울고
그 울음이 채 가시기 전에
가다보면 인생엔 행복한 날도 우울한 날도 있지만
축복 받은 사람이라고 더러는 생각하는 내게
묵묵히 그럭저럭 좋은 날도 많았다
하지만 인연으로 만난 평조 정숙 선생은 아니다
날마다 꽃피는 봄처럼 예쁜 사랑이다가
한결같이 푸른 언덕이다가
오늘도 그 얼굴엔 분홍꽃 가득 피웠네!
곱게 접은 보랏빛 양말 한 켤레
그 속에 함께 넣은 정겨운 글씨
연필로 써내려간 편지 두 장엔
어여삐 살다 가자 그래 썼어요.
사연 속에 적어 넣은 세상의 지혜
영혼의 밀어로 언제나 함께 가리라

시리게 아물다

파랗게 노래하던 배추의 함성이 한숨 자고 나니 조용해졌다
근심 걱정 얼만큼 쌓였으면 보일 것인가
오늘도 시시각각 맘고생 크다지만
어디 한 순간 묻혀버린 배추만큼 아플까
철없이 떼쓰고 자라던 어머니 품속만이나
절절했을 지난 밤

부엌을 칭송하며

등걸불이 활활 타들어가던 아궁이
불길이 사위면
붉은 숯덩이를 긁어내 끓이던
어머니의 된장찌개
노란 솔껄이 자늑자늑 불속에 녹아들면
양손으로 넉넉하게
들기름 비벼 굽던 검은 김 몇 장과
고등어자반은
지금 어디에 살고 있을까
어머니를 부르며 드나들던
문 주방 아래로
멀건이 향수만 깊다
고들고들 눌려 주시던
누룽지의 냄새만이
골 깊은 적막을 서성이고
한가롭던 누렁이의 걸음이 빨라지면
재 넘어 오가던 겨울바람
세차게 날아올라
추녀로 기어들던 참새의 추억

가고 싶은 기억 저편
괄게 타오르는 향수가 녹아든다.

그리움이라는 버릇

마음이 즐거울 때나 외로울 때나
자판기 커피를 자주 마시던 사람
조용한 날이면 가끔씩 보내온
수많은 문자들

연연한 모습에 기대어
담아온 날들 올올이 물들여 놓고
언제나 가을이 되면
옷깃을 덮었던 담홍색 머플러
혼자 걷던 그의 뒷모습

어느덧 골 깊은 세월은 가고
추억으로 물든 해넘이의 그림자
기억 저편엔 그 사람도 날 생각할까
해 저녁 겨울바람은 조용히 물들고 있어라.

분위기의 밀도

약속된 시간에 그를 떠나보내고
나만이 홀로 남은 저녁
도로변에 줄지어 선 가로수
포플러나무 끝으로 해가 기운다.
학생들 모두 떠난 방학의 교정
겨울저녁 자극하는 바람으로
조바심만 일렁이고
마음 안의 시간이 바스러져
가루로 흩어지는 거리
어느새 엷어진 대낮은 자취를 감추고
휘영청 소리 울리며 가로등 불빛만 밝다.
이 세상을 살아가기 위한
최소한의 조건들
가냘픈 겨울하늘 별빛으로 젖고
사나운 찬바람만 뒹구는 광야

생각이 스미는 내음

지나온 세월만큼 길었던 고드름
하얗게 녹아내리고
그 샛길로 보드라운 입술 들이밀며
봄 아가씨 오시는 날
살아가는 일 감당 못하고
어쭙잖게 거실에 들어앉아
입춘을 지나버린 고구마 서너 개
씨눈이 붉어져 밭으로 간다.
직화 냄비 닦아내고
씨눈을 다듬어
굵은 고구마로 가로눕혀
아랫목 따습기로 한 시간쯤 익혀내니
어느 나라의 방향제가 이토록 부드러울까
추억이 스며드는 창가에 앉아
한나절 지나간 오후를 삼킨다.

찰나적 영원 회귀

한겨울 오금이 시린 저녁
묵은 시계를 찾았다
8년 전 가족여행으로
경유했던 스위스에서
남편의 고집으로
새로 산 시계를 착용하며
서랍 깊이 넣어 두었던 해묵은 손목시계
시계를 만나는 순간
닫아 두었던 추억이 바스스 일어나
쉬이 열리지 않았던 앨범들이
찬찬히 걸어 나오며
어머니의 이마처럼 반들반들 윤기를 냈다
온종일 퍼붓던 함박눈은
마침내 앞산을 뭉개고
하늘을 통째로 베고 누워 버린 밤

부활을 리필하다

계절의 뒤뜰, 장지문을 비집고 들어선 초겨울
언덕 너머 저 숲의 경계를 보라
불타는 듯 달려들던
만찬의 유혹
터질 것만 같은 목울음의 그리움을 달래며
인연마다 고운 빛 절절히 입혀 놓고
연두색 고움으로 처연했던 시절
창가에 앉아 넘나들던 초록의 기억
타들어가는 주홍빛이 하도 고와서
애를 쓰며 다시는 돌아보지 않으려고
잉태된 절망의 씨앗을 감추며
자지러지는 초겨울의 단상
부서지던 숲의 만찬을 기억한다.

5

내 모든 날에 그대가 있다

비 내리는 아침의 고요를
세숫대야 가득 퍼 올리는 사람
연잎에 맺힌 이슬방울만큼
영롱한 생각을 품고 일어설 줄 알며
마음 풍경으로 걸어 나오는 사람

고민을 나눌 수 있는
바람과 햇살이 잘 어울리는 사람
내 마음을 찻잔에 담고
부드럽게 녹아들 수 있도록
따뜻한 찻물이 되어 줄 수 있는 사람

하늘을 올려다볼 만큼
마음이 외로워지면
손거울 속의 나를 보듯이
해질녘 붉게 물든 구름처럼
깊은 밤 별빛으로 감싸줄 그런 사람

아날로그 서정

언제부터인가 손편지가 그리워지는 시절
무성하게 주고받던 이메일 시대가 지나고
눈만 뜨면 스마트폰으로 아침을 연다
밴드, 카스토리, 페이스북
더 신속한 마음 전달은 주로 카톡이다
마음을 의지하고 안부를 전하며
세계의 소식을 손가락 하나로 열고 닫는 편리함도 있다
내 어릴 적 초등학교 다닐 때엔
근면, 성실이란 교훈이 교단 상단에 걸려 있었다
요즈음 백묵을 쓰는 초록칠판이 사라진 지 오래고
노트북과 컴퓨터를 이용하여
공부하는 시대에 살고 있다
오늘 아침 지인이 보내준 카톡 사진엔
하얗게 눈 덮인 능선을 배경으로 설산이 펼쳐졌다
넉넉함이 배어나오는 겨울 산
그곳에는 보낸 사람의 마음이 숨어 있었다
욕심하지 말고 천천히 걸어서 가라는
등 굽은 아비의 어깨처럼 세월을 익혀 보라는

너의 뺨이 꽃잎

푸름의 향기 출렁이는
약산을 따라서
그대 있음에
나 여기 숨을 토한다
바다에서 들려오는 숨소리
사구에 펼쳐진 황금 발자국들
천지를 껴안은 유채꽃의 춤
이 모두가 한 걸음 한 걸음
세상 속으로 가는 속삭임
하늘 우러러 취하는 오후
아이야 너는 삶의 창가에
피어오르는 햇살
오늘도 내일도
영원토록 청정하여라

오붓한 축복

순하고 순한 청양의 기운을 받아
우리에게 온 아가야
푸른 하늘의 맑음이 모두 너의 기운처럼 느껴지는
신비로운 능력을 가진 아가야
믿음직한 아빠와
자애로운 엄마의 사랑으로
온몸에 축복을 품은 아가야
태어남의 기쁨과
건강하게 잘 자라주는 환희와
온화하고 착한 눈빛으로
온 집안을 밝혀주는 아가야
날마다 푸른 꿈 충만한 사랑
희망으로 솟아오르고
무럭무럭 자라며 노래하는
온 가족의 기둥 아가야 튼튼하여라
백일아침 환희에 차 노래하누나.

나에게 건넨 연서

한낮 더위에 뽀얀 전분이
사르르 녹아드는
삶은 감자를 먹으며
존경하는 선생님의 전화를 받았다

앞서간 올해 181일을 보내고
새로 시작되는 오늘 7월 1일을
'나를 위한 기념일'로
제정했다는 뜻밖의 말씀

75년을 살면서
단 하루도 나에게 선물한 날이 없어서
살뜰한 사랑으로
당신을 섬길 생각이라 하셨다

배시시 눈에 보일 듯
미소를 담아 전해주신 할까하니 선생님
당신의 '나를 위한 기념일'을
우리 모두는 사랑합니다.

함께 반짝이는 밤

아궁이 발갛게 군불 지피던 아버지
그 얼굴이 너울대는 저녁
하루 이틀 하얗게 눈이 쌓이고
긴긴밤 서럽게 바람이 운다

밤낮이 자유로운 영혼
군중 속 가족이 되어버린
아이들의 안부가
스마트폰으로 반짝반짝 뜨고

언제나 꺼내 먹을 수 있는
밑반찬처럼
애비와 어미는
곁에 두었던 반찬곡간이 된다

격정의 생략

서른여섯*이란 연령은 불과 많지 않은 나이다
생의 파란 잔디가
돋아나는 시절이라 해도 과언은 아니리라
그때 그 시절엔 꿈도 많았고
춘하추동 사계가 봄만 같았지
불혹지세라 여름처럼 무성했던 디딤돌로 섰던 지난날
언덕을 내려와 첨단으로 가는 21세기의 하루
천지만물의 이치에 통달한다는 이순을 지나며
발자국마다 새겨지는 그림자
쓰다 마는 편지와 같다는 인생을 생각한다.
익히 '고전읽기대회'에서 두각을 보였다는
중학교 국어선생님 이도현 은사님의 회고록을 보면서
화들짝 놀라 뒤안길을 안아보는 대낮
사랑은 변명하지 않는다는데
그냥 한번 걸어온 길이
헤아림 위에 피어나는 꽃이었다면
그래 그랬었다면 한순간 일장춘몽이었어도 좋으리.

---

* 서른여섯: 문학에 입문한 시절.

상서로운 찬가

갑오년 시월 오일 정오쯤
기쁨을 전해왔다
예쁜 우리 새아가가
새 아기를 가졌다 한다
갓 피어난 복사꽃 같은 아가가
출산을 준비한다고
배시시 웃던 모습으로
추석을 함께 지냈었는데
살면서 기쁜 날이
그 얼마나 많이 오려나마는
세상에 살아 있음의 기쁨이요
환희가 아닐까
생의 기쁨을 위하여
샘솟게 하는 희망이고
사랑이어라 고마운 새아가

길눈이 아련해서

빛 고운 단풍인양
곱게 물든 하늘
집으로 가는 귀향은
온유의 샘이다

때로는 힘들고 버거운 일상
밤을 지내고
벗어내는 어둠처럼
품속에 파고드는 단순한 여정

알알이 여무는
그리움의 흔적만큼
돌아가는 내 삶의
단추 한 알

숨소리 포개어

노을 지고 석양에
어둠이 내리는 이 시각
집을 떠나 있는 아이들이 생각난다.
아이들도 지금쯤 집 생각을
하고 있지는 않을까?
이건 어미 생각뿐이라는 걸 안다
딸아이 말처럼, 엄마니까
연출이 필요 없고 허심탄회한
그런 가족이고 싶다
따듯한 온기가 숨쉬는
그런 식구이고 싶다
사랑이 녹아내리는
그런 가족이고 싶다
행복이라는 글자처럼 포근한!!
아랫집 아저씨는 어둠을 가르고
저녁을 깨우며 한창
모내기를 하고 계시다
따끈한 식구들의 한끼 저녁밥을 위하여

아직 삶에 수줍다

산허리를 휘감는 안개비로
바위가 젖고
그렁그렁 출렁이며 붉어지는 그리움
가슴으로 들이밀리는 사랑은
숨죽여 오르는 약산의 정상에서 파도를 친다.

새는 분홍빛 사연이 서러워서 울지만
숲으로 드는 걸음걸음은
창백한 기억으로 나래를 펴고
4월의 약산에 흐드러진 꽃비는
내가 어렸을 적 화사했던 꿈처럼

단박에 잊어버릴 수 없는 어제의 이야기와
차라리 지워지지 않을 기억으로 남아
여러 잎 차곡차곡 붙여놓아
곱게, 곱게 물들여 갈
한 장의 화전이었음 좋겠다.

생을 위한 습작

눈앞에 다가오는 오늘은
언제나 설렘의 순간이다
인생의 수많은 갈림길에서
어느 결을 선택하느냐에 있어
빛나는 지혜도 없이
순간적으로 결정짓지 않는다
함부로 그리고 싶지 않은 무늬를 위해
오래도록 간직하고픈
내 자신의 무늬를 위하여
사는 것이 조금 버겁다고 느껴질 때
귀기울이고 들여다볼 깊이를 위한
때로는 무모하고 어설플지라도
논리적인 사고보다
무의식의 깊고 넓은 세계에
그리고 싶은 무늬를 만들고 싶음이다
나의 무늬에 논리적인
그들의 무늬가 섞이는 것
이것이 삶일 것이다
사는 동안 그려지는 무늬를 위해

서툰 붓을 들고 오늘도
무의식으로 선택한 그 길을 걷고 있다

구름에 입술 축이고

바람 속 기온이 어제와
오늘은 사뭇 다르다
하늘에선 낮달이 익어가고
수줍은 수선화 꽃빛이
제각기 다른 것처럼

없다가도 일어서는
바람의 온기로
만들어진 꽃빛
그 속에 더불어서
우리도 물들어 간다

3월이면 곳곳마다 익어가는
꽃망울같이
때로는 하늘의 구름처럼
덩달아 익어 가는
내 삶의 한 줌

어머니의 나이가
구순에 가까워도
나는 아직도 먼 줄만 알고
오늘도 철없이
그 가슴에 멍울로 핀다

복낙원* 미뉴에트**

찬바람이 세차게 불어오는 추운 기후에도
따스하게 엎드린 공손한 도시
너에게로 가는 길이 모두 사라진 아침
하얗게 엎드린 마을에선
단골상점의 주인이 눈길을 냅니다.

내 마음의 제설차 지나가는 길목으로
자욱하게, 다시 눈이 내리고
내가 온통 나무의 마음으로
살 수는 없겠으나
내 곁에 깃들어 살고자 하는
모든 주변을 받아들이고자 합니다

하염없이 내려 쌓이는 하늘의 선물
가까이 있는 사람도
멀리 있는 사람도
온 누리에 가득한 안부를 전하며

---

* 복낙원: 낙원의 회복.
** 미뉴에트: 우아한 춤곡.

공손하게 엎드린 시간
나 하나 세상의 한 모퉁이에서
아름답게 조용히 살아갈 수 있다면
나는 너에게 너는 나에게
우리의 영원한 축복입니다.

은혜를 길어 올려

비 개인 하늘로 청춘이 날아오르고 오랜 가뭄으로 빈약했던 대지 위에

불끈 솟아오르는 힘

성급한 대추가 목청을 돋우며 잠자리 하늘 높이 세월을 낚고 있다

너울지는 논배미 바람은 향수를 부르고 송아지 풀 뜯던 시절 굴뚝 높이 오르던 저녁연기 속으로 날 찾던 아버지 음성이 귓속에 머물며

가슴을 후빈다. '어이 오너 밥 먹어라'

꽃처럼 어진 이들에게

입술 위 정취는 말간 노래를 잊었으며
영광을 놓쳐 여물지 못한 낱말들이
흥건한 잉크 사이에서 아른거리고 있는데
수평선 서러운 깊이 한참 가늠하다가
이제 새로운 월계관을 찾아야 할 시간

내 곁에 머무르는 어진 이들을 위하여
무릎 꿇고 감히 바라는 불멸의 계절
시린 눈을 이고 찬비에 씻기며 마음 닦아
환한 땀으로 달콤히 향연을 일구어 내면
들어선 그곳에 참된 뜻이 영글고
서로 보드라운 뺨을 맞대는 뭉클한 어울림,
살아 있는 모든 것에게 기도를 바친다.

해설

딜레탕트를 매료하는 입체적 미학의 프리즘

한분순(시인·한국문인협회 부이사장)

예술가 앞에 놓인 첨예한 국면은 딜레탕트 계층을 충족 시켜야 한다는 것이다. 오늘날 창작물이 받는 가치 판단은 선도적 전문가의 몫이 아니다. 대중은 높아진 심미안을 지니고 다종다양하게 스스로의 취향에 따라 예술에 접근하고 있다. 이처럼 확대된 딜레탕티즘을 바탕으로 사람들은 고귀함과 통속을 나누지 않고 폭넓은 감성을 흡수한다. 이제 형이상학은 탄복의 대상이 되지 못하며 오히려 따분한 구태의연함으로 정의된다. 문학적 태도에서도 '놀랍게 하는 시'를 벗어나 '즐겁게 하는 시'를 내놓아야 하는 글쓰기로 변혁기를 겪고 있다는 뜻이다.

인생에 대한 습작이 '예술을 위한 예술'이라는 지난 과거의 오만함을 압도하는 신경향 속에서, 임종본 시인은 새로운 표본으로 부각될 만한 작법을 개간한다. 포근히 삶의 여러 편린을 바라본 세밀함은 문체에 다면적 활기가 된다. 현학보다는 기억이나 내면과의 담화가 훨씬 뜻깊은 이즈음, 임종본 시인은 돋보이는 식견과 일상다반사를 활보하며 창조적 파괴를 도모함으로써 심원한 곡예를 거듭하고 있다.

절대적 원형이라 일컬을 글쓰기 규칙은 그동안 마멸되었고 이 시류에서 문학성을 가늠할 척도는 임종본 시인이 재단해 온 것과 같은 유연한 지성이다. 의식엔 체화된 페미니즘이 배어 있으면서 무의식은 강건한 아니무스의 생각을 전개하고, 어른이면서 소녀이며, 경험세계의 미완성을 그 자체로 논 피니 반열에 올려 완성도를 마련한다. 그렇듯 이질의 층위를 겹겹이 쌓아 올려서 만들어 낸 심상의 프리즘 바탕에는 '사람'이 있다.

아스라이 서산으로 가을이 눕고
뼈를 저미는 칼바람 깊어
내 집에 들어서는 어둠 곳곳 숨어서
정적을 삼키면
오늘도 가슴 싸한 자리를 편다
해가 바뀌고 날이 바뀌는
순간순간마다
너에게로 가는 길목이 넓어지고

파고드는 그리움은 커져만 가는데
돌아서는 아픔 마디마디엔
추녀 끝 저미는 외풍을 닮아간다
인적 없는 달그림자
영혼처럼 집안에 들어서고
고요히 밝은 달이 휘영청 안부를 전해줄 때
어디선가 들려오는 산짐승 소리
오늘도 찬연히 밤만 깊다

-「달이 슬픔에게」 전문

'침묵다지'는 높은 지혜를 구하는 사색의 정반합이다. 생각의 안온한 되새김이 잔잔히 입을 다물었어도 오히려 웅변보다 공명이 큰 슬기의 경지까지 이르게 한 것이다. 멈춰진 정적에서 안부의 징후를 목도해 낸 예민한 발견의 진폭이 찬연하다.

봄이 일어서고
신록이 무성해지면
가슴 안에서 끓이던 커피 한 잔이
향기를 품으며 사람 냄새를 익힌다.
지나간 기억과 살아온 어제를 닮은 향이
가을날의 햇살 한 줌으로
산기슭에서 붉거지면

한 장의 저녁노을로 물들고

파닥이는 숲속의 작은 새 한 마리
하늘 높이만큼 푸른 꿈을 사르느니
한 사람의 극진한 여물음은
내일 이 세상 덥혀줄 한 잔의 커피가 되리라.

-「따스한 다짐」 전문

유락의 가벼운 글에 익숙해져 문장을 강화하지 않으며 태만해진 요즘, 인간애가 짙은 체취에 커피라는 도회적 표상을 중첩 시키면서 감각의 교차를 치밀히 구사한 정성스러움은 진일보한 착상이 된다. 수사학의 탐구로 결실되는 입체적 필력이다.

우리의 마음 한 자락
갈숲에 눕고
뒹구는 낙엽이 흐르는 대로
시월이 떠나간 주홍빛 하늘
귓불 물들이며
둘이 걷던 길을
구절초 피어나면 다시 걷자던 약속
이듬해가 지나고 또 세월이 덧없이 흘렀어라

향수는 지내온 추억을 들추고
어제보다 더 시린 풀숲은
고향에서 날아온 들꽃을 피우듯
산허리로 내리는 운무의 곡예
미련 없이 떠나간
우리의 청춘은
생의 중심을 지키려고
이 밤 한 송이의 짙은 구절초로 핀다.

-「청춘 카프리치오」 전문

완숙미는 스쳐간 젊음이 남긴 선물과 같다. 나이가 들면서 허허탄식의 백발가에 잠식되지 않고 더 진전된 존재 근거로 받아들인 그 품성이 필력에 담겼다. 작법의 기교는 혼자 학습할 수 있으나 멋스러운 운격은 인연의 내력으로써 쌓이는 것이다.

인간 감성을 자극할 만한 최우선 가치는 '시소모'라고 명명된다. 모든 영역의 예술가들은 무엇보다도 시각, 소리, 움직임 모션을 다루는 솜씨가 있어야 한다는 뜻이다. 이런 연마를 바탕으로 한 임종본 시인의 로맨틱 에콜로지는 목가적 느낌을 사랑스럽게 표출 시킨다. 자연에서 만난 개체들을 각별히 살피는 과정에서 흡착된 서사의 힘이다. 같은 인간 군상뿐만 아니라 또 다른 생물과도 밀접히 공생하려는 심비우스 의도가 다층적 문장으로 발현된 것이다.

한여름날 불현듯 가져온 휴식
일정한 쉼을 가르고
동동거림에 익숙한 나에게
머무름을 익힌다.

속절없이 지내온 시절
틈을 내는 대낮
키 높이만큼 쌓인
서재의 책들이 일제히 일어서고

오고가는 식구들 발걸음에
8월 햇살 휭허케
내게 스러진 한여름날의 휴식은
방향을 놓는다.

-「느림의 철학」 전문

가속도 법칙은 삶에서도 작동해 하루하루의 무게감이 시계를 빠르게 밀어 선회할 겨를 없이 늘 앞으로 나아간다. 독서와 우애는 교양의 주원료였으나 오늘날엔 짧은 멈춤마저 용납하지 않는다. 그 다급함에게 보내는 애틋한 관조가 시의 치유력이다.

궂은비 개이고

밝은 햇살 웃고 일어나

우린 또 행복하여라

안개로 지워졌던 덕숭산

발갛게 일어선 채 배시시 웃고

하늘 담긴 호수에 첨벙 뛰어들어

보이지 않은 것이 보이는 것은

내가 행복하지 않으면

다른 이도 행복하게 할 수 없다는 말을 전함이다.

–「그 환한 깨달음」 전문

존립하는 모든 것이 누려야 할 기본권은 '행복할 권리'이다. 마음이 평온한 아타락시아 상태를 궁극의 경지라고 여긴 무렵이 있었다. 이제는 '나'를 아끼는 '미me 제너레이션' 시대가 되었고 행복은 긴요한 생애 화두이며 작가적 참구이다.

8월의 기억을 오롯이 지울 듯 거세던 빗줄기

밤새워 울어주는 풀벌레소리에 잠들고

대자연이 숭고하게 뒤척이는 아침은

오늘도 영롱하다

자기 일을 묵묵히 수행하는 들녘

자연의 섭리보다 더 고운 인성은 아녀도

곧은 절개로 익어가는 곡식의 뼈와 같이

이 부족한 마음 번뇌를 벗고

잘한 일이라곤 아무것도 없는 내가

인지를 다할 수 있는 해탈을 꿈꾸고 싶다

–「하루를 어루만지다」 전문

절대자한테 기대지 않는 자율의 구원이 해탈이다. 풍경으로 마주한 미물에게서도 지혜를 익히려 한 수행은 깨달음으로 당도하게 만드는 '팔정도' 가운데 올바로 보는 '정견'과 같다. 생활을 서술 언어에 가두지 않고 시화한 도약이 칭예되는 측면이다.

비더마이어 속물 근성을 오히려 수긍하는 물질주의 세태에서 인간의 품격은 다시금 재건해야 할 도덕률이다. 중탁해진 풍조를 배척하는 이상주의 저항에서 훨씬 나아가 고귀한 선각자들로부터 깨달음을 찾으려 한 임종본 시인의 적극성은 '피조물은 선을 추구한다'는 청명한 자세로 본받을 수 있다. 요즘 문학은 감상하는 객체로 안주하지 않고 독자층 앞에 먼저 다가서며 마음을 위한 정화의 제공자가 되었다.

폭설이 온 세상을 덮은 신새벽

승천의 나래를 펴고

티 없이 맑은 영혼

학처럼 날아갔다

단아한 미소로 품어 올린
한 많은 이야기 모두 내려놓고
서녘의 큰 별로 세상을 비추오니
굽이지던 세월 올곧은 팔십년

'선생님의 문학을 만남이
이 세상에 태어난 기쁨'이라던 소녀와
'우리 문학의 기둥이 사라졌다'고
오열하는 후배의 목소리를 듣고 계신가요?

'가난한 문인들 많으니 부의금 받지 말라'는
당신의 말씀을 우리들 가슴에 새기고
차마 못 가본 길이 더 아름답다고
서둘러 떠나신 임이여

한 땀 한 땀 눈물로 수놓은 문학의 향기
이 나라 한국문단 그 품에 안긴 채
영원토록 꺼지지 않을 빛이여
온 세상 길이길이 빛나소서.
그 맑은 향기 가득 담고 환하게 빛나소서.

-「정갈한 눈부심」 전문

내밀한 인생 이면을 다룬 박완서의 작가 정신으로부터 획득한 부드러운 통찰을 구현하고 있다. 글맛 좋은 어휘들로 이룬 완성도와 짙은 토속 향리에 도심 시류를 교직함으로써 풍족해진 정서는 필력의 꽃벼락이 내린 것처럼 강렬한 아름다움이다.

만추의 저녁 황금빛 노을에 앉은
예산군 신암면 용궁리 고택에선
세월이 흘러도 조선의 기세가 왕성하다
옛 모습 그 뜰 국화 옆에서는 선생의 희망이 출렁이고
지나간 시간이 그리워 타는 목마름으로
오늘도 백송의 그림자 발자국 소리에 귀를 기울인다.
무수한 밤 별만큼이나 사계절 꽃피고 비가 내려도
바람 불어 좋은 날 푸르른 날엔
햇빛으로 달빛으로 흘러내리는 우주를 벗 삼아
하나 둘 잠식되어지는 역사를 재우며
침묵으로 일어서 타오르는 선생의 염원이여
길이 후손에게 넘겨질 진실 하나만 오늘도 기억하리라.

-「그 뜻에 닿으며」 전문

각고의 수련으로 시, 서, 화를 포괄한 추사 김정희는 천재이면서 분투노력을 쉬지 않았다. 풍류만으로 편중됨 없이 진리를 구하는 그 정성스러움은 시대를 초극하여 예술가들이라면 규준으로 받아들여야 할 행보라는 것을 절실한 문장으로 토로한다.

하늘과 땅, 넘나드는
천계단의 마음 길을
하룻밤 새
쌓았다 부수기를
한평생
백겁의 주름 마다않고
속속들이 말라가는
당신의 세포 속엔
앙금 지는 열 자식의
천금 같은 사랑
홀로 잠든 꿈속에서
미소 짓는
그 이름
영원한 나의 영웅

–「심장이 기억할 낱말」 전문

거룩한 영웅은 아득한 신화처럼 먼 대상이 아니다. 우리에게는 모두 가슴속의 영웅이 있다. 군중 고독으로 다들 외로움을 앓는 황량한 시절, 곁에 있어 줌은 이미 크나큰 업적이다. 보통의 존재에서 특별한 진가를

포착해 내는 혜안이 도드라진다.

미학 영역의 확대는 타성으로 닳아 버린 작법을 개량하려는 자기 발전이다. 그런데 보기에 훌륭한 것을 다루는 여정이 미학의 전부는 아니다. 이러한 임종본 시인의 남다른 인식은 문학적 진화에서 뛰어난 동력이 된다. 모양새가 어떠하든 쓸모가 있다면 미학에 포함 시킨 변주는 생활 속에서 길어 올린 숭고한 현상학으로 이어진다. '수르숨 코르다'는 마음 열고 하늘을 보라는 뜻이다. 같은 맥락에서 개방형 시각은 작가들이 동시대와 공감 보폭을 맞추려면 장착해야 하는 새로운 기본기이다.

우리의 발걸음에
자라나던 배추밭 끝에 서서
유유히 흘러가던
구름을 삼키며
온온하고 기루었던 유월이
벽화처럼 퇴색되던 날
올올이 벗어던진
젊은 날의 초상은
유수한 세월이 흐르고 난 뒤
집배원이 건네주던 편지의 이야기와
갑작스런 소나기로

새들이 몰려들었다는 얘기로
저녁노을 붉던 날
타오르던 사랑을 전하며
홀홀 다 벗어버린 겨울나무는
이 세상에서 가장 깨끗한 거울이 되었다.

–「황홀히 선량한 피조물」 전문

현명함을 크게 나눈다면 식물성 이지력은 생존을 돕는 동물성 호신책과 다른 결을 보이며 사유 활동에 실용된다. 나무가 문인들로부터 애호되는 까닭이 여기 있다. 상흔을 나이테로 끌어안으며 자라나는 다부진 결기를 닮아 행간마저 올곧다.

등걸불이 활활 타들어가던 아궁이
불길이 사위면
붉은 숯덩이를 긁어내 끓이던
어머니의 된장찌개
노란 솔껄이 자늑자늑 불속에 녹아들면
양손으로 넉넉하게
들기름 비벼 굽던 검은 김 몇 장과
고등어자반은
지금 어디에 살고 있을까
어머니를 부르며 드나들던

문 주방 아래로
멀건이 향수만 깊다
고들고들 눌려 주시던
누룽지의 냄새만이
골 깊은 적막을 서성이고
한가롭던 누렁이의 걸음이 빨라지면
재 넘어 오가던 겨울바람
세차게 날아올라
추녀로 기어들던 참새의 추억
가고 싶은 기억 저편
괄게 타오르는 향수가 녹아든다.

-「부엌을 칭송하며」 전문

정다운 리얼리즘은 오늘날 호응을 받는 중심 제재이다. 인스턴트를 서두르며 먹는 사이에 생각은 그 헛헛한 섭취물처럼 축약되고 속내는 계속 공허감을 느낀다. '집 밥'은 이러한 금세기에 농촌 어메니티를 수혈하는 온난함의 상징이다. 도시에서 태어나 그리운 곳이 따로 없는 이들한테도 고향은 문명화의 차가움을 달랠 감성 공간이 되기에 문학적 모티프로 면면히 탐검해 작가로서의 솔깃한 기반을 다졌다.

파랗게 노래하던 배추의 함성이 한숨 자고 나니 조용해졌다

근심 걱정 얼만큼 쌓였으면 보일 것인가
오늘도 시시각각 맘고생 크다지만
어디 한 순간 묻혀버린 배추만큼 아플까
철없이 떼쓰고 자라던 어머니 품속만이나
절절했을 지난 밤

–「시리게 아물다」 전문

이 땅에서 시스템의 외연은 부계 사회로 보인다. 그런데 정감의 주요한 축이 되는 것은 모계이다. 작가의 여성성은 위력적 흡인을 내포하고 있다는 뜻이다. 인품의 극치는 불쌍히 여길 줄 아는 마음이라고 한다. 바로 모성애 본질과도 같은 히포케이메논이다. 이것을 토대로 삼아 삶에 있어 달관은 홀로 고고하게 자적하는 청아함이 아니라 모두를 보살피는 측은이어야 함을 감읍할 만한 묘사로 설파한다.

시는 표어가 아니다. 그런데 뇌리가 아닌 심장으로 마주 접하기에 오히려 화력이 훨씬 큰 잠언이다. 짧은 압축에서도 시의 리듬은 라르고처럼 매운 느린 속도로, 동시에 표정은 풍부하게 내면을 충족 시키며 여운을 남기는 뮤즈가 된다. 삶에서 초월해야 할 것은 다른 무엇이 아닌 자아이다. 과잉 자의식은 곧 번뇌의 시작이다. 이러한 수련에 게으른 작가들이 니힐리스트가 되는 것과 달리 임종본 시인의 탁월한 작가 정신은 천지 사이에서 인간이 옳게 버틸 신작로를 선물한다.

비 내리는 아침의 고요를
세숫대야 가득 퍼 올리는 사람
연잎에 맺힌 이슬방울만큼
영롱한 생각을 품고 일어설 줄 알며
마음 풍경으로 걸어 나오는 사람

고민을 나눌 수 있는
바람과 햇살이 잘 어울리는 사람
내 마음을 찻잔에 담고
부드럽게 녹아들 수 있도록
따뜻한 찻물이 되어 줄 수 있는 사람

하늘을 올려다볼 만큼
마음이 외로워지면
손거울 속의 나를 보듯이
해질녘 붉게 물든 구름처럼
깊은 밤 별빛으로 감싸줄 그런 사람

–「내 모든 날에 그대가 있다」 전문

멘토와 힐링이 널리 확산된 무렵이 있었으나 요즈음은 양방향성 소통과 교감이 강조된다. 직각 관계가 아니라 수평의 만남을 선호하는 것이다. 이러한 갈망에도 끈끈함이 사라지고 있으며 '이기적 유전자'라는 용어가 나올 만큼 스스로를 고립 시키는 행태를 철학적으로 반성하지 않는 지금이다. 마치 미로에 갇힌 듯 어지러운 아포리아의 시절에 다시 사람한테로 보내는 믿음을 다진 지향적 분석이 정예롭다.

푸름의 향기 출렁이는
약산을 따라서
그대 있음에
나 여기 숨을 토한다
바다에서 들려오는 숨소리
사구에 펼쳐진 황금 발자국들
천지를 껴안은 유채꽃의 춤
이 모두가 한 걸음 한 걸음
세상 속으로 가는 속삭임
하늘 우러러 취하는 오후
아이야 너는 삶의 창가에
피어오르는 햇살
오늘도 내일도
영원토록 청정하여라

–「너의 빰이 꽃잎」 전문

젊음보다도 여린 소녀는 실존의 투명함으로 학통을 넘어 문학 판타지에서 최상의 숭앙을 누려 왔다. 그 선험 통각을 이어받아 아이를 보육해야 할 작은 모습으로만 대하지 않고 공동체 활기가 될 수 있다는 양가적 특성을 바라본 거시의 측산이다.

찬바람이 세차게 불어오는 추운 기후에도
따스하게 엎드린 공손한 도시
너에게로 가는 길이 모두 사라진 아침
하얗게 엎드린 마을에선
단골상점의 주인이 눈길을 냅니다.
내 마음의 제설차 지나가는 길목으로
자욱하게, 다시 눈이 내리고
내가 온통 나무의 마음으로
살 수는 없겠으나
내 곁에 깃들어 살고자 하는
모든 주변을 받아들이고자 합니다

하염없이 내려 쌓이는 하늘의 선물
가까이 있는 사람도
멀리 있는 사람도
온 누리에 가득한 안부를 전하며
공손하게 엎드린 시간

나 하나 세상의 한 모퉁이에서
아름답게 조용히 살아갈 수 있다면
나는 너에게 너는 나에게
우리의 영원한 축복입니다.

–「복낙원 미뉴에트」 전문

회복의 방어 기제는 의지와 사유를 모두 필요로 한다. 작가는 여기에 상상과 감각을 배급해 보편적 삶을 고차원으로 인도하고 있다. 설교가 아닌 축복의 방식을 택하여 평행의 존중을 보이는 그 겸손함은 진리를 효과적으로 늑인 시키게 된다.

경험주의와 이성주의는 이제 서로 대립하지 않는다. 모든 콘텐츠 안에서 그 둘이 상호 의존해야 첨단 기계화에 따른 테크노 스트레스를 견디게 도울 수 있으므로 융화된 균형을 이룩하는 것은 예술가의 소명이며 신세기에 요긴한 문예 사조이다. 임종본 시인한테 글쓰기는 순수의 중추이면서 사회상의 실천적 강령이 되는 격조 높은 보루이다. 문장과 철학을 함께 끌어안으며 시세계를 증폭하여 생의 탐색으로 글감이 다루는 표면적을 확충한 것이다. 이런 가운데 임종본 시인은 자상하면서 세심한 감응의 회로를 타고 심층으로 명료하게 와 닿는 문학적 이데아를 만들었다.

사랑알기

지은이 · 임종본
펴낸이 · 유재영
펴낸곳 · 주식회사 동학사

1판 1쇄 · 2017년 9월 20일
출판등록 · 1987년 11월 27일 제10-149

주소 · 04083서울 마포구 토정로53 (합정동)
전화 · 324-6130, 324-6131 | 팩스 · 324-6135
E-메일 | dhsbook@hanmail.net
홈페이지 | www.donghaksa.co.kr
www.green-home.co.kr

ISBN 978-89-7190-605-7 03810